AF370023

Vente du Jeudi 10 Février 1876

HOTEL DROUOT, SALLE N° 7

A TROIS HEURES

TABLEAUX

PAR

Edmond RENAULT

EXPOSITION PUBLIQUE

Le Mercredi 9 Février 1876, de une heure à cinq heures.

<table>
<tr><td>M° QUÉVREMONT</td><td>M. MEUSNIER</td></tr>
<tr><td>COMMIS^{re}-PRISEUR</td><td>EXPERT</td></tr>
<tr><td>rue Richer, n° 46</td><td>rue Neuve-S¹-Augustin, 27</td></tr>
</table>

PARIS — 1876

V⁷ᵉ RENOU, MAULDE et COCK

IMPRIMEURS DE LA COMPAGNIE DES COMMISSAIRES-PRISEURS

Rue de Rivoli, 144

CATALOGUE

DE

TABLEAUX

PAR

Edmond RENAULT

DONT LA VENTE AURA LIEU

HOTEL DROUOT

SALLE N° 7

Le Jeudi 10 Février 1876

A TROIS HEURES

Par le ministère de **Me QUÉVREMONT**, Commissaire-Priseur,
rue Richer, 46.

Assisté de **M. MEUSNIER**, Expert, rue Neuve-Saint-Augustin, 27.

EXPOSITION PUBLIQUE

Le Mercredi 9 Février 1876, de une heure à cinq heures.

PARIS — 1876

CONDITIONS DE LA VENTE

La vente sera faite au comptant.

Les Acquéreurs paieront CINQ POUR CENT, en sus du prix d'adjudication.

DÉSIGNATION

DES

TABLEAUX

———

ENVIRONS DE PARIS

1 — La Garenne et l'Ile Saint-Denis.

2 — La Garenne et l'Ile Saint-Ouen.

3 — De Saint-Denis à Saint-Ouen.

20 — Petit bras de l'île Saint-Denis (avril).

21 — Au Pont de l'île Saint-Ouen.

22 — Plaine de Genn villiers.

23 — Bords de la Seine, à Saint-Denis.

24 — La Seine et le Mont-Valérien.

25 — Bords de la Seine (Automne).

26 — L'Ile Saint-Ouen (en avril).

NORMANDIE

BORDS DE L'OISE

———

SOMME

32 — La Mer à Saint-Valery.

33 — Plaine de Cailleux.

34 — Le Canal de Saint-Valery, à Abbeville.

35 — A la Ferme de Saint-Valery (Soir).

BRÉSIL

36 — Dans la rade de Rio-de-Janeiro.

37 — Le Lagoa, à Rio-de-Janeiro (le Lac).

FIGURES ET NATURE MORTE

38 — Pêches.

39 — Tête d'Italienne.

40 — Tête d'Italienne.

41 — Carabinier au camp de Saint-Maur.

ENVIRONS DE PARIS

42 — Enghien (soleil couchant) : le petit Lac.

43 — Le Canal de Saint-Denis, avant la guerre.
H. 1ᵐ 50. L. 0ᵐ 96.

44 — Le Lac d'Enghien (Clair de lune).

45 — Sous les Saules.

46 — Bords de la Seine (Bateaux).

47 — Dans l'île Saint-Ouen.

48 — Dans l'île Saint-Ouen.

49 — Le Canal Saint-Denis.

50 — Le Canal Saint-Denis.

51 — Rives de Saint-Denis.

52 — Cours d'eau sous bois.

53 — Au Bocage.

54 — Au Bocage.

55 — A la Garenne.

56 — Pommier en fleurs (plaine d'Écouen).

57 — Fabriques de Saint-Ouen, à Saint-Denis.

58 — Bords de la Seine (Automne).

59 — Taureau blanc.

68 — La Plaine de Gennevilliers (Butte d'Orgemont).

69 — Le Canal Saint-Denis, à la Briche.

70 — Le Canal Saint-Denis, près d'Aubervilliers.

71 — Ile de Saint-Ouen (Matin).

72 — Chevaux de labour (Soir).

73 — Dans l'île Saint-Denis.

74 — Saules et Cours d'eau.

75 — Le petit Bras de l'île Saint-Denis (mai).

76 — A Charentonneau.

77 — A la Briche.

78 — Bords de l'île Saint-Ouen et le Mont-Valérien.

79 — Bords de la Seine et le Mont-Valérien.

80 — Chevaux de halage.

81 et au-dessus. — Tableaux non catalogués.

Ves Renou, Maulde et Cock, imprs de la Compagnie des Commissaires-Priseurs,
rue de Rivoli, 144.   61875